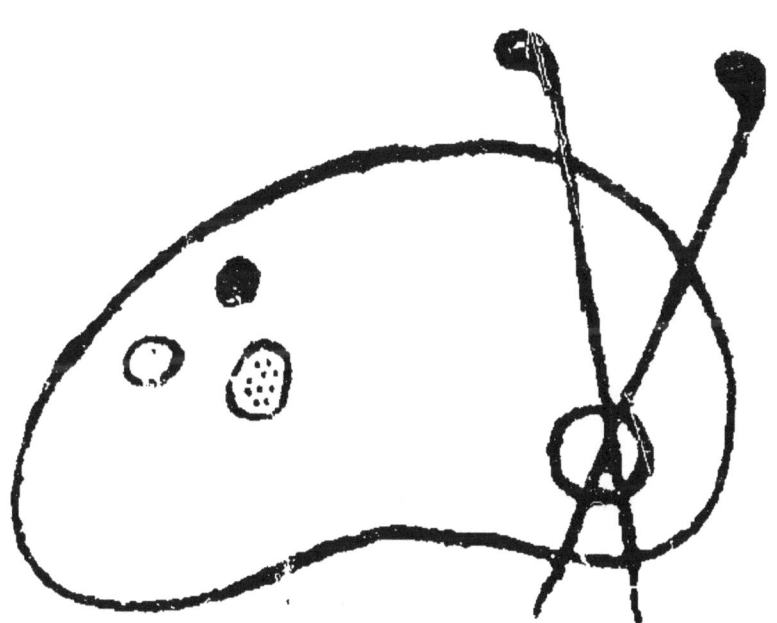

Début d'une série de documents en couleur

LA
TOUR DE CHAMARET
(DRÔME)

PAR

M. LE CHANOINE FILLET

CURÉ-ARCHIPRÊTRE DE GRIGNAN

CORRESPONDANT DU MINISTÈRE DE L'INSTRUCTION PUBLIQUE

(Extrait du *Bulletin archéologique*. — 1899)

PARIS

IMPRIMERIE NATIONALE

M DCCC XCIX

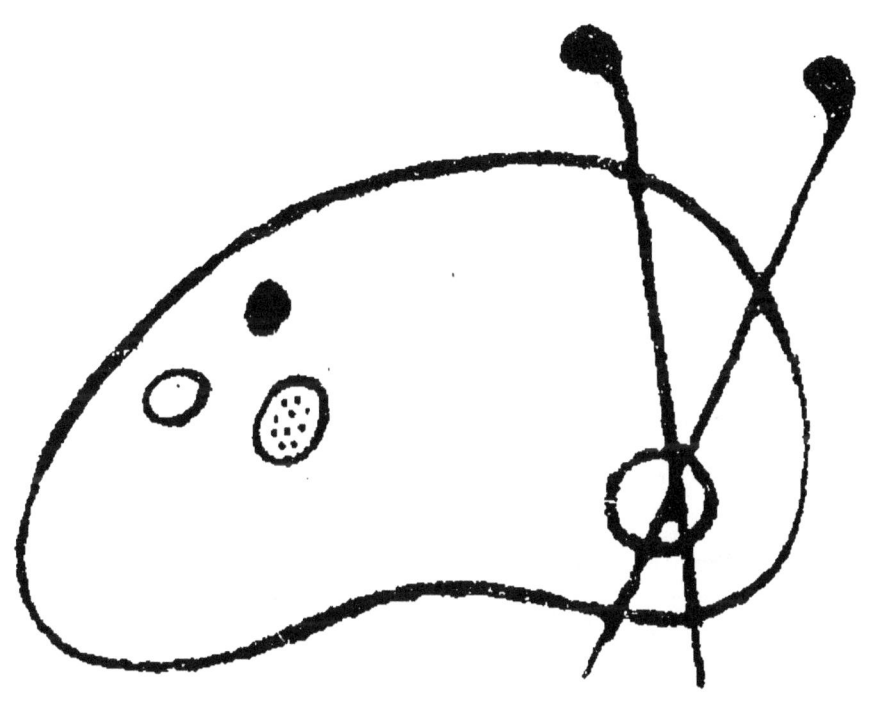

Fin d'une série de documents en couleur

LA
TOUR DE CHAMARET
(DRÔME)

PAR

M. LE CHANOINE FILLET

CURÉ-ARCHIPRÊTRE DE GRIGNAN

CORRESPONDANT DU MINISTÈRE DE L'INSTRUCTION PUBLIQUE

(Extrait du *Bulletin archéologique*. — 1899)

PARIS

IMPRIMERIE NATIONALE

M DCCC XCIX

LA TOUR DE CHAMARET

(DRÔME).

Le *Messager de Valence*, dans son numéro du 29 novembre 1893, disait : « On nous annonce la mise en adjudication des travaux de restauration de la vieille tour de Chamaret. Ce monument, si curieux et unique en son genre, était fort maltraité par le temps ; des brèches énormes s'étaient produites et rendaient urgente une restauration. Cette restauration peut se faire aujourd'hui, grâce à la générosité d'un enfant du pays, M. Sylvestre, qui a laissé par testament une somme importante pour cet objet. »

En apprenant cette amélioration, nous nous rappelâmes que nous avions dans nos cartons des documents anciens relatifs à la tour ou plutôt à l'ancienne forteresse de Chamaret[1]. Disons mieux, on a jadis distingué à Chamaret deux forteresses différentes, quoique très rapprochées l'une de l'autre. Nos documents sont formels à cet égard et expliquent cette dualité de forteresses sur un même monticule.

Nous avons cru qu'il y avait intérêt à publier les renseignements historiques fournis par ces documents. Ils auront l'avantage de préciser la destination et l'usage des monuments en question aux XIII° et XIV° siècles. Cet avantage a bien sa valeur, car destination et usage sont devenus l'objet de longues discussions depuis que la détérioration de l'édifice a été suffisante pour qu'on pût se méprendre sur ce point.

Et d'abord, un rapport de 1810 place à Chamaret « des vestiges d'un ancien château. Ils se réduisent (dit-il) à une tour carrée qui contenait plusieurs appartements voûtés. Elle est imparfaite dans

---

[1] Chamaret, village et commune du canton de Grignan (Drôme).

sa construction : la sommité n'est point couronnée de créneaux ; on dirait que c'était une espèce de tour de signaux qui se liait avec une autre de semblable forme située à Clansayes, à trois quarts de lieue de là [1] ».

En 1835, Delacroix écrivait à propos du village de Chamaret : « On y voit une tour carrée, fort antique, voûtée à plusieurs étages ; la construction en est irrégulière, et le sommet n'est point couronné de créneaux, ce qui a fait conjecturer que ce pouvait être une tour de signaux correspondants à celle de Clansayes, distante d'une petite lieue ; mais il est bien plus probable que c'est un monument religieux élevé sous la domination romaine. Ses dimensions, sa solidité et les soins apportés à sa construction lui donnent ce caractère de grandeur dont portent l'empreinte les ouvrages de ces maîtres du monde, et qui contraste d'une manière frappante avec la pauvreté du sol au milieu duquel il est bâti.... [2] »

L'*Album du Dauphiné* [3] a donné de la tour de Chamaret un dessin lithographique, fort peu exact, qui n'y est accompagné d'aucun détail écrit.

M. le chanoine Jouve, au contraire, ne fournit aucun dessin de la tour, et consacre au monument une notice archéologique où nous lisons : « Cette tour, dont l'origine est incertaine, aussi bien que la destination, se dresse fièrement sur un rocher qui surplombe à droite et qui domine, lui-même, le village de Chamaret et les alentours. L'effet de cette construction hardie est des plus étranges et des plus saisissants. Elle ne saurait remonter à l'époque romaine, car rien, dans sa structure, dans sa forme et dans sa disposition générale, ne la rattache à quelqu'une des principales catégories de l'architecture du peuple-roi, telles que tombeaux, colonnes triomphales ou monuments commémoratifs. Elle n'a pas, non plus, ou elle n'a que très peu d'analogie avec les vieux donjons du moyen âge. Rien, dans sa position aérienne et complètement isolée, n'indique, d'un autre côté, qu'elle soit le débris de quelque vaste édifice auquel elle aurait pu appartenir. Mais cette position aérienne et complètement isolée ne signifierait-elle pas, avec plus de vraisemblance, que la tour dont il s'agit aurait été érigée à l'unique fin de servir de signal? On sait que les Templiers, possesseurs d'un

---

[1] *Bullet. de la Société d'archéol. de la Drôme*, t. XXIV, p. 205.
[2] *Statistique du département de la Drôme*, p. 448.
[3] Tome IV, p. 118.

assez grand nombre de commanderies dans la contrée, avaient multiplié et perfectionné ces sortes de tours à signaux, dont ils faisaient un grand usage. Or, ce genre de construction rendait superflue toute la partie décorative qui, dans les autres, consistait en arcades, fenêtres, corniches et galeries. Ici, on ne voit rien de tout cela. Sauf une arcature insignifiante qui se dessine sur la partie inférieure du monument, on n'y aperçoit que des surfaces unies, sans fenêtres ni ornements. On y remarque seulement une lucarne, établie presque au sommet, dans le but, probablement, de faciliter le service des employés chargés de transmettre les signaux et de les recevoir. On peut en dire autant des trois étages voûtés qu'on avait ménagés dans l'intérieur du monument, dont la forme générale, d'ailleurs, est si extraordinaire. Il se compose de trois parties bien distinctes, mais qui contribuent, chacune, à un effet d'ensemble fort remarquable. La première, qui est la plus haute, est une belle et élégante tour cylindrique, n'offrant aucune solution de continuité, de la base au sommet légèrement tronqué. La seconde est une tour carrée, engagée à un tiers, dans celle-là, presque jusqu'à sa hauteur. La troisième, moins élevée que les deux autres, n'est, sans doute, qu'un fragment de mur qui se serait détaché du corps de l'édifice auquel il adhérait. Il semble, en effet, que la partie inférieure de l'édifice, à laquelle il appartient, devait avoir jadis une homogénéité qu'elle aurait perdue ultérieurement, par suite d'éboulements accidentels ou de démolitions volontaires dont elle aurait été l'objet, après la suppression de l'Ordre des Templiers. Il est vraiment regrettable qu'il n'existe aucun document historique, propre à jeter quelque lumière sur la destination primitive de ce curieux édifice... »

Plus loin, M. Jouve, parlant de la tour de Clansayes, opine pour en faire, comme de « celle de Chamaret, une tour à signaux à l'usage des Templiers, qui possédaient à Clansayes une commanderie avec église et monastère, et, dans le voisinage, une forteresse avec le logement du commandant. La petite distance d'une lieue qui sépare ces deux villages et leur position respective dans la direction du Sud-Ouest, rendent encore plus probable cette supposition [1] ».

---

[1] *Statistique monumentale de la Drôme*, par M. le chanoine Jouve (Valence, Jules Céas et fils, 1867), p. 185-7 et 217-9.

En attendant que nous donnions nos renseignements, qui eussent calmé les regrets de M. Jouve, s'il les eût connus, il faut rapporter les lignes où M. Lacroix discute les opinions qui viennent d'être exposées dans les termes mêmes de leurs auteurs, et donne la sienne propre.

Il réprouve d'abord l'opinion de Delacroix, qui a vu dans l'édifice un monument romain, et celle de M. Jouve, qui n'a pu y voir qu'une tour à signaux à l'usage des Templiers. Ses raisons contre Delacroix sont celles de M. Jouve; ses raisons contre M. Jouve sont les suivantes :

« Je crois (dit-il) pouvoir établir : 1° que les Templiers, n'ont jamais, d'après les documents existants, possédé Chamaret; 2° que les signaux étaient impossibles entre Chamaret et Clansayes ; 3° que diverses constructions ayant le caractère d'un château fort existaient auprès de la tour. »

Le premier point, purement historique, ressort de l'étude de M. Lacroix sur les seigneurs de Chamaret jointe à son étude sur la tour. Les deux autres sont prouvés par la lettre suivante de M. Devès : « Je suis allé hier (écrivait ce dernier à M. Lacroix le 30 avril 1869) niveler la montagne qui sépare en droite ligne Chamaret de Clansayes. Le point le plus élevé duquel on aperçoit les deux monuments est à 1 kilomètre environ de Clansayes et à 6 kilomètres de Chamaret... Je reviens à nos tours : celle de Clansayes est à 18 mètres du point culminant, en contre-bas; celle de Chamaret, à 35 mètres; et la crête de la montagne séparative est à 24 mètres environ au-dessus de la ligne droite correspondante au sommet de chacune d'elles. Il est donc matériellement impossible de voir de l'une les signaux de l'autre.

« Quant aux dépendances de la tour de Chamaret, en voici le détail : au midi, affleurant un rocher à pic de 10 mètres de haut, se trouve une terrasse ou cour extérieure, avec un puits à l'Est, de 359 mètres carrés de surface. A l'angle Ouest existe un fort en parallélogramme, à un étage voûté et crénelé, avec terrasse, percé de douze meurtrières au rez-de-chaussée et de quatre au premier étage. Il a 10 mètres de long sur 7 de large. Les Adhémar en firent abattre la voûte et les créneaux pour le convertir en colombier, et sa toiture fut enlevée en 1789. Les murs ont encore 10 mètres environ de hauteur.

« En avançant vers le Nord, on rencontre une grande cour intérieure, à l'Ouest, et l'emplacement d'une chapelle à l'Est. Cette cour mesure 33 mètres de long sur 8 mètres de large en moyenne. Une porte à deux meurtrières en défendait l'entrée. La chapelle a 9 mètres de long sur 5 mètres de large et deux travées. On y accédait par un passage voûté, et le clocher ou la poudrière offre encore des murs de 2 mètres d'épaisseur. Un éboulement de rocher a emporté le chœur de cette chapelle, dont il existe une partie de la nef.

« De la cour ci-dessus on passe à une terrasse de 55 mètres carrés donnant sur la plaine et sur le village; une muraille percée de meurtrières séparait ces deux cours. Vient ensuite une espèce de fort intérieur à meurtrières dont la voûte existe encore. La porte et le plafond du premier étage ont été démolis. Je crois qu'il y avait une cuisine à ce premier étage. Dans la même direction, de l'ouest à l'est, se trouve la tour carrée dont la hauteur actuelle est de 30 mètres. Elle avait quatre étages; le deuxième fut détruit en 1789, avec l'escalier conduisant du premier étage au sommet. Je crois que c'était une prison. Les Adhémar, en 1586, ayant fait démolir les remparts du bourg et ses trois portes, concédèrent aux habitants, pour les calmer, des moellons qui servirent à élever la chapelle dite *de Saint-Barthélemy*, et la dotèrent d'une rente de 40 florins.

« La tour a 4 m. 30 de côté à l'intérieur; 7 m. 35 du nord et du levant; 9 m. 35 au sud. Cela s'explique par un contrefort bâti en même temps que la tour, dépassant le carré de 2 mètres, lequel sert de mur d'appui à une voûte de 8 mètres de hauteur.

« Au nord, devant le fort et la tour, existait une construction à un étage. Il s'y trouve cinq à six marches d'escalier. Cette partie était voûtée et crénelée et avait aussi sa terrasse.

« L'ensemble de ces diverses constructions occupe un rocher à pic de 15 à 20 mètres d'élévation, qui surplombe la plaine de 2 mètres au moins, à l'ouest. Du seuil de l'église actuelle au pied de la tour il y a 30 mètres, ce qui donne à l'édifice un total de 60 mètres d'élévation. »

Après avoir cité cette lettre, M. Lacroix rapproche des données architecturales qu'elle fournit les explications de M. Dion sur le rôle du donjon au moyen âge; puis il formule ainsi sa conclusion : puisque le donjon « devait dominer le château et en rester indépendant, fournir une habitation sûre au seigneur et à sa famille, un arsenal pour les armes, des cachots pour les prisonniers, un point d'observation pour surveiller les alentours, etc., on ne sera pas éloigné d'en retrouver un dans la tour de Chamaret.

« A ce point de vue, ajoute-t-il, l'attention des archéologues ne peut manquer d'être appelée de nouveau sur ce curieux monument, que le voisinage du château des Adhémar a trop longtemps fait négliger [1]. »

Cette conclusion est en harmonie avec celle de la Commission chargée en 1874, par la Société d'archéologie de la Drôme, de classer les monuments historiques du département [2]. Elle suffit pour nous fixer à l'égard du monument étudié. Quant aux opinions adverses, elles ne font aucune difficulté. Celle de M. Jouve, la seule qui paraisse avoir quelque valeur à cause des connaissances archéologiques (mais non historiques) de son auteur, n'en fait pas plus que les autres en réalité. M. Jouve n'a jamais vu la tour de Chamaret. Il n'en a décrit qu'un côté, celui que présente le dessin de l'*Album du Dauphiné*. Pour s'en convaincre, il n'y a qu'à comparer sa description avec ce dessin. Il a cru et a dit ce dernier *très exact*; mais sa bonne foi a été étrangement surprise. Quiconque a visité avec l'attention nécessaire le monument lui-même et en a parcouru successivement les diverses pièces accessibles, comme nous l'avons fait nous-même quelques années avant sa restauration, se demandera, à la vue de ce dessin, s'il est bien possible qu'on ait voulu y représenter la tour de Chamaret et ses dépendances.

Du reste, les notions qui vont suivre, en nous donnant l'histoire de cette tour, ou plutôt du château, des châteaux même, dont elle a fait partie, des seigneurs qui les ont possédés avec les fiefs s'y rattachant, des actes dont ils ont été l'objet, d'événements dont ils ont été le théâtre, apporteront de leur côté des motifs de conviction complète sur le même point.

Dès le xiie siècle il y eut à Chamaret une famille à laquelle ses possessions, ses prééminences, sa fixation en ce lieu, valurent le nom patronymique de *Chamaret*. On trouve en 1121 un Dodon de Chamaret parmi les coseigneurs de Valréas [3] qui autorisèrent Ponce Guintran, sa femme et ses enfants, à vendre à l'évêque de Vaison

---

[1] *L'arrondissement de Montélimar*, par A. Lacroix, I, p. 355-369.
[2] *Bulletin de la Société d'archéologie de la Drôme*, VIII, p. 110; XXI, p. 335.
[3] Boyer de Sainte-Marthe, *Hist. de l'église de Vaison*, p. 98. Aubenas, *Essai histor. sur la ville et le canton de Valréas*, p. 16.

la dîme qu'ils percevaient à Valréas. Vers 1185, un autre Chamaret recevait en fief de Bertrand de Pierrelate, évêque de Saint-Paul, des biens situés à Chamaret et à Valréas. Ce dernier est probablement le Barast de Chamaret qui figure au commencement du xiiie siècle parmi les vassaux de l'évêque de Saint-Paul exempts de certaines redevances envers ce prélat, quoique non domiciliés dans cette ville. Ce vassal épiscopal ou son fils est non moins probablement le Barast de Chamaret qui figure dans un acte de 1221 comme intervenant dans une affaire intéressant les Templiers de Roaix [1].

En tout cas, voilà la suzeraineté des évêques de Saint-Paul à Chamaret et envers des Chamaret parfaitement constatée. Rien d'étonnant en cela, puisque, indépendamment de tant d'autres moyens qu'avaient ces prélats d'acquérir cette suzeraineté, des privilèges de 852, 1154 et 1214 les montrent investis par divers empereurs de tout le territoire compris entre le Rhône et l'Eygue. Tous les titres manuscrits que nous possédons sont d'accord sur ce point avec les actes publiés par le Père Anselme Boyer [2] et d'autres historiens [3].

Une grande partie de ce territoire avait été cédée à des seigneurs qui relevèrent sans doute, d'abord du moins, de l'évêché. Mais les évêques s'étaient réservé la pleine seigneurie de leur ville de Saint-Paul et de quelques lieux moins importants. Chamaret avait été cédé pour une moitié à la famille de ce nom, mais gardé entièrement pour l'autre moitié. C'est ce que suppose la promesse faite en 1202 par l'évêque Bertrand au comte de Toulouse de l'aider, en plaid et en guerre, de la ville de Saint-Paul, du château de Baumes, du village de Saint-Restitut et de la moitié de Chamaret (*cum medietate Camareti*).

En 1224, *Almeric* de Chamaret rendait hommage à l'évêque de Saint-Paul pour tout ce que son aïeul avait reçu en fief de Bertrand, prédécesseur de ce prélat, tant à Chamaret qu'à Valréas [4].

---

[1] U. Chevalier, *Cartul. domus Templi de Roais*, p. 121. — Boyer, *ouvr. cité*, p. 82. — Archives de la Drôme, *Cartul. de Saint-Paul Trois-Châteaux*, reg. A, f. 179.

[2] *Histoire de l'église de Saint-Paul-Trois-Châteaux*, p. 39, 60 et 77.

[3] *Gallia christ. nova*, I, instr., p. 120. — Albanès, *Hist. des archevêchés, évêchés et abbayes de France*, Évêché de Saint-Paul-Trois-Châteaux.

[4] Boyer, *Hist. de l'égl. de Saint-Paul*, p. 66 et 82.

Toutefois, en mai 1249, *Amalric* de Chamaret et Marguerite sa femme abandonnèrent leurs droits sur Chamaret, Valréas, Allan et Grignan, à Baraste leur fille émancipée, et à Raymond Loup, son mari. Laurent, évêque de Saint-Paul, informé de la donation, l'approuva et reçut l'hommage de fidélité dudit Raymond pour tout ce que celui-ci avait reçu et possédait dans le château de Chamaret ou son tènement. Plus tard, la moitié du château d'Espeluche et les choses qu'avaient Raymond et Baraste furent données, et Raymond vendit des biens de Baraste sa femme; il vendit notamment au seigneur Guillaume de Chamaret le château dudit Chamaret, ou mieux la part que Baraste avait de celui-ci et de son tènement. Cette dame et Raymond étant morts, des difficultés surgirent au sujet de cette dernière vente. Des réclamations furent portées devant l'évêque, haut seigneur, chef spirituel et juge du lieu, qui finit par acquérir lui-même la part susdite, comme nous aurons à l'expliquer un peu plus loin. On voit enfin Marièse, fille de Raymond et de Baraste, et femme de Hugues de Vesc, approuver, le 13 mai 1279, cette donation de la moitié du château d'Espeluche et des autres choses, ainsi que les ventes faites par Raymond, spécialement celle de la parerie de Baraste à Chamaret. Marièse donna à l'évêque de Saint-Paul et à ses successeurs tout le droit qu'elle y avait [1].

L'héritage des Chamaret dans le lieu de ce nom avait donc été divisé entre des branches différentes de la famille; mais un achat fait de Raymond Loup par Guillaume de Chamaret avait réuni les deux parts.

Ce seigneur Guillaume était fils de Dohon de Chamaret (figurant comme témoin dans un acte passé en janvier 1221, à Châteauneuf-du-Rhône), et de Geoffroye de Châteauneuf-de-Mazenc [2]. Il est manifestement le Guillaume de Chamaret qui assista, encore comme témoin, en 1239, à l'hommage d'Aimar de Poitiers au comte de Toulouse; qui, le 3 juin 1242, fut présent à une transaction passée à l'Ile-Barbe entre l'abbé de ce couvent et Raymond de Mévouillon, et par laquelle des pouvoirs importants étaient donnés à lui et à Guillaume de Sauzet, à propos de reconnaissances à faire par un des contractants à l'autre, et d'autres formalités, au

---

[1] Archives de la Drôme, *Cartul. de Saint-Paul*, reg. A, f. 8-9 bis.
[2] Archives de M. Morin-Pons, dossier *Adhémar*. — *Bullet. de la Soc. archéolog. de la Drôme*, XXVIII, p. 63.

sujet des Tourretes, Montmaurin, Bruis et autres terres du côté de la Provence; qui figure, dans une transaction de 1248, comme chevalier et conseiller du dauphin, et, dans un acte de 1249, comme coseigneur de Visan; et qui fut en 1265 arbitre d'un différend entre l'évêque de Saint-Paul et les coseigneurs ainsi que les habitants de Pierrelate [1].

Un autre fils de Dohon et de Geoffroyde, frère par conséquent de Guillaume, s'appelait Raymond.

Ce dernier, qui rendit en 1242 hommage à l'évêque de Saint-Paul « pour tous les fiefs qu'il possédait par droit héréditaire à Saint-Restitut et dans son terroir », agit ensuite dans plusieurs actes simultanément avec Guillaume de Chamaret.

D'abord, le 27 juin 1247, ils achetèrent de Dalmas de Châteauneuf, leur cousin, tous les biens de celui-ci à Châteauneuf, à Faucon, à Charols, à Cléon et à Eyzahut. Ensuite, ils furent certainement l'un et l'autre parmi les parties qui intervinrent en 1254 dans « une transaction contenant partage des château, ville et fief de Chamaret », dont l'acte était avant 1476 dans les archives épiscopales de Saint-Paul, et, en 1760, dans celles du château de Grignan [2]. Le sommaire que nous en trouvons dans le *Cartulaire de Saint-Paul* ne le dit pas; mais un autre acte porte expressément que, le 22 juin 1255, tous deux inféodèrent au seigneur Adhémar de Monteil, seigneur de Grignan, tout ce qu'ils avaient et possédaient, ou que d'autres tenaient d'eux, dans le château de Chamaret ou dans son territoire, ainsi que les dépendances. Toutefois, l'acte excepte formellement de cette inféodation le tènement appelé vulgairement *de Corbelas*, avec ses appartenances et dépendances. Des nombreux pactes insérés dans cet acte, nous relèverons seulement ceci : Guillaume et Raymond, tout en prenant le fief à titre de franchise et d'honneur, se soumettent à une véritable vassalité et aux obligations qui en découlent en cas de plaid et de guerre. Ils reçoivent du seigneur de Grignan, pour l'inféodation, la somme

---

[1] G. Guigues et le comte de Charpin-Feugerolles, *Cartul. de l'Ile-Barbe*, I, p. 234-235. — *Archiv. comm. de Pierrelate*, AA, 1. — *Bull. de la Soc. archéolog. de la Drôme*, XXVIII, p. 56-57 et 63. — Lacroix, *L'arrondissement de Montélimar*, I, p. 362. — *Statuts de Visan* (Avignon, 1685), p. 129.

[2] Boyer, *Hist. cit.*, p. 94. — *Bullet. cit.*, XXVIII, p. 63. — Archives Léopold Faure, *Invent. du château de Grignan*, de 1760, cote 2.

de cent livres viennoises.[1]. Évidemment, pareille inféodation prouve qu'avant 1255 Chamaret ne relevait pas des seigneurs de Grignan. Non moins évidemment, la situation des Chamaret baissait dans cette terre patrimoniale; les faits suivants nous le diront assez.

En parlant de l'héritage de Baraste, nous avons rapporté que des différends avaient surgi au sujet de la vente de sa parerie par Raymond Loup à Guillaume de Chamaret. Ils furent portés devant l'évêque, qui, après certaines formalités, finit par acquérir lui-même cette parerie le 16 juin 1270. C'est ce que Boyer rapporte en ces termes : « L'an 1270, Bertrand acheta de Guillaume de Chamaret, au nom de son évêché, et non en celuy de ses parens, le château dudit lieu, et le domaine de Corbelas, avec le moulin, pour le prix de 40 livres viennoises et 550 sols viennois, qu'il compta aux créanciers des enfans de Guillaume de Chamaret, dont Guillaume d'Ancesune était le tuteur. Les évêques de Saint-Paul avaient déjà la moitié de ce fief, ainsi que nous l'avons dit... » Par l'achat de 1270, ils y ajoutèrent, dit très bien M. Lacroix, « le domaine direct, les censes et tâches et la parerie du château et du mandement qui avaient appartenu à Raymond Loup et à Alméric de Chamaret ». C'est exactement ce que porte le sommaire de la vente de 1270 fourni par le *Cartulaire* susdit.

Mais cet achat encore fut pour l'acheteur un sujet de difficultés. Quelques années après l'acquisition, Marièse avait abandonné à l'évêque tout droit sur la parerie acquise, quand un différend s'éleva entre le prélat et les fils de Guillaume de Chamaret. Après des réclamations dont le *Cartulaire* nous indique trop vaguement l'objet, les parties en vinrent à une transaction. Celle-ci eut lieu à la suite d'un compromis et moyennant une sentence arbitrale dont nous ne connaissons pas les auteurs. La sentence fut rendue en 1292, entre l'évêque et les nobles frères Guillaume et Raymond de Chamaret, religieux clunistes, fils du défunt seigneur Guillaume de Chamaret, lesquels agissaient tant en leur propre nom que comme procureurs de leur Ordre. Il fut réglé que la vente faite à l'évêché serait ferme et valable à perpétuité avec tous les droits et conséquences qui s'ensuivaient. Toutefois, l'évêque paya aux mêmes

---

[1]. Étude de M⁰ Misson, notaire à Grignan, parchemin tronqué servant de couverture au registre coté *Deus*.

frères 3,000 coronats. Les deux frères abandonnèrent définitivement les droits contestés, même en ce qui touchait Corbelas [1].

Désormais, nous ne voyons plus ces Chamaret intervenir dans les affaires relatives au fief paternel; mais ce fut sans doute le dernier Raymond ci-dessus mentionné qui assista, dans l'église de Visan, sous le nom de seigneur Raymond de Chamaret, prieur *de Ulmatis*, religieux cluniste, à un acte de 1301 intéressant Cluny [2].

D'autre part, leur nom ne disparut pas avec les deux frères religieux clunistes. Le 20 juin 1291, Pierre de Chamaret, chevalier, et demoiselle Philippine, héritière de feu Thibaud de Mirmande, seigneur parier du château de Pierrelate, traitent à raison d'une fidéijussion [3]. Bien plus, *noble Pierre de Chamaret, seigneur dudit lieu*, fut témoin de deux actes faits au château de Grignan le 26 août 1355 et le 18 septembre 1357, et un acte du 28 septembre 1357 attribue au même Pierre la possession d'un château fort à Chamaret [4]. Seulement, ce n'était pas un vrai Chamaret qu'on appelait ainsi dans ces actes de 1355 et de 1357, mais Pierre Faure, fils de Lambert et de *Guillelma* de Sérignan, comme on le verra plus loin.

En effet, à peine les vrais Chamaret avaient-ils disparu, que des personnes d'un autre nom figuraient comme seigneurs et dame du lieu. Pithon-Curt dit que Sibiende, fille unique de Pierre de Sérignan et dame en partie de Chamaret, en épousant Guillaume Armand, porta sa part du fief dans la famille de ce dernier [5]. Un acte du 10 septembre 1357 parle de legs faits par *égrège noble dame Sibiende de Sérignan, dame de Chamaret* [6]. Guillelma de Sérignan, sa très proche parente, fut aussi dame de Chamaret; elle épousa noble Lambert Faure, coseigneur de Rousset, au diocèse de Die, et en eut Pierre, qui hérita de la seigneurie de Chamaret dès la mort de sa mère. C'est ce que nous voyons par un acte d'hommage de l'an 1353. Il y est dit que, cette année même,

[1] Archives de la Drôme, *Cartulaire de Saint-Paul*, reg. A, f. 8-9 *bis*. — Boyer, *Hist. de l'église de Saint-Paul*, p. 101. — Lacroix, *L'arrondissement de Montélimar*, I, p. 362-363.
[2] Archives de M. Morin-Pons, dossier *Adhémar*.
[3] Mêmes archives, notes Moulinet.
[4] Étude de Mᵉ Misson, notaire à Grignan, reg. coté *Magnum*, f. xljx; *Secundum*, f. 14 et 16.
[5] Pithon-Curt, *Hist. de la noblesse du comtat Venaissin*, au mot des Armands.
[6] Étude cit., reg. *Secundum*, f. 13.

Lambert Faure, comme père et légitime administrateur de Pierre, fils de lui et de *Guillelma* de Sérignan, dame de Chamaret, lequel est encore pupille et en âge de tutelle, a fait reconnaissance de fief franc et d'honneur à Giraud Adhémar, seigneur de Grignan, pour le château de Chamaret, dans les conditions et avec les pactes contenus dans les reconnaissance et hommage faits le 22 juin 1255 pour le même château, par les prédécesseurs dudit Pierre, à Adhémar de Monteil, seigneur de Grignan [1].

Nous aurons encore à parler de Lambert et de Pierre Faure. Avant de le faire, il faut reprendre d'un peu plus haut ce qui touche au fief et au château de Chamaret dans leurs rapports avec les évêques de Saint-Paul et les Adhémar de Grignan. Ce sera surtout maintenant que, les documents en main, nous verrons ce que furent au moyen âge le curieux monument qui fait l'objet capital de cette étude, et ceux qui l'ont avoisiné.

Les Adhémar n'oublièrent pas le titre par eux acquis à la haute seigneurie du château de Chamaret et de son territoire. Aussi, le 13 juin 1297, Giraud Adhémar donnait à Giraudet, son fils émancipé, les fiefs des châteaux de Salles, de Chantemerle, de Chamaret, de Colonzelles, de Valaurie, etc. [2].

L'affaire suivante, qui a évidemment quelque rapport avec la reconnaissance de 1353, montrera l'ardeur des seigneurs de Grignan à revendiquer leurs droits de haute seigneurie sur Chamaret.

Quelque temps avant le 25 août 1353, Giraud Adhémar, seigneur de Grignan, alla à Chamaret dans un but peu agréable à des gens de ce lieu. Il y fut très mal reçu. Irrité de ce méfait, il déposa une accusation indiquant les procédés dont il se plaignait, et noble Bertrand de Blacons, bayle de la baronnie de Grignan, prit des mesures pour faire rendre justice à Giraud.

On convoqua des témoins et on reçut leurs dépositions. Ponce de Grignan dit « qu'il était vrai que le jour indiqué dans un des articles reprochés, son seigneur de Grignan lui dit de monter à cheval et de l'accompagner jusqu'à Chamaret. ce qu'il fit; que, quand ils furent sous la *blâche* de ce seigneur, à Chamaret, on frappa les cymbales et on *cymbalait*, ce qui était fait en signe de guerre. Quand le seigneur et lui arrivèrent plus près du château, les gens

---

[1] Archives de la Drôme, *Cartul. de Saint-Paul*, f. 8-9 bis.
[2] Biblioth. nat., ms. lat. 9239, n° 11.

se tiraient avec force, de sorte que, quand les deux voyageurs furent au tour du lieu de Chamaret, ils le trouvèrent fermé et il y avait là des hommes armés qui refusèrent d'ouvrir au seigneur. Un de ces hommes, Hugues Didier ou Roux, auquel ce seigneur demanda qu'il lui ouvrît, répondit qu'il n'osait pas. Ce Roux, audit lieu de Chamaret, était homme de Lambert Faure ou de son fils. On finit cependant par ouvrir, parce que le seigneur Hugues Garnier[1] survint et commanda d'ouvrir. Alors le seigneur de Grignan entra; mais dès qu'il fut en dedans du tour, il y trouva plusieurs hommes armés, munis de lances et d'autres armures, de sorte que, quand il fut là au portail, qu'il trouva fermé, ce seigneur, mêlé avec ces hommes armés passa le portail ainsi que ceux qui étaient avec lui. Quand ils furent en dedans, se trouva là Lambert Faure, armé de paucières ou mangonneaux[2] et de brassards, qui lui pendaient par le bras. Alors le seigneur de Grignan lui dit : *Compère, comment cela ?* ou *pourquoi cela ? et cela n'est nullement de la concorde ; cela n'est pas bien fait.* Incontinent, sans ajouter d'autres paroles, le même seigneur s'en retourna. Des hommes des Faure étaient alors présents et armés; il y avait Pierre Grimaud, Antoine Coyron, Raymond et Giraud Gabouille. Quant au seigneur et à sa compagnie ils n'étaient pas armés ».

Comme nous le verrons, à ce rapport, confirmé par Arnaud Châteauneuf et Philippe Armand, damoiseaux, allaient être ajoutées, par d'autres témoins, des circonstances plus dramatiques; mais, en attendant, le bayle de la baronnie de Grignan, comme juge supérieur de la seigneurie de Chamaret, fit citer les accusés ci-dessus et leurs complices pour comparaître le mercredi suivant en la cour de Grignan. Les lettres de citation sont du 25 août 1353. On y voit que Lambert Faure habitait, à Chamaret, le château ou demeure de Pierre son fils.

Lambert et les hommes assignés pour le 27 août ne comparurent pas, et le bayle ordonna de nouvelles citations pour le 2 septembre, avec imposition d'amende en cas de non-comparution. Le 30 août, le sergent Manchan alla à Chamaret citer Lambert, qu'il trouva personnellement. Il fut *au lieu et à la première porte de la for-*

---

[1] Le 22 janvier 1327, messire Hugues Garnier était *chapelain*, c'est-à-dire curé, de *Chamaret*. (Étude Misson, parchemin tronqué servant de couverture au registre *Melliora*.)

[2] Machines à jeter des pierres.

teressa et du château de Chamaret, où il présenta les deuxièmes lettres citatoires à maître Bertrand Allemand, notaire de Rochebaudin, qui était *dans la forteresse*. Celui-ci dit qu'il n'y avait pas de bayle ni de châtelain pour lui répondre, et le sergent alla lui-même citer les hommes au domicile de chacun.

Le lundi 2 septembre, personne encore ne comparut. Le lendemain 3, de troisièmes lettres sont faites pour les mêmes personnes, qui devront comparaître le jeudi suivant, sous peine de voir leur amende doublée. Le 3 même, Manchan fut *aux lieu et première porte de la forteresse et du château* de Chamaret; il y présenta les lettres à Bertrand Allemand. Celui-ci, *qui était dans la forteresse*, dissimula la présence de Lambert, et répondit quant aux hommes comme le 30 août. Manchan fut donc réduit à citer encore ces hommes chez eux à part.

Après diverses proclamations publiques et des aggravations successives des peines, le bayle lança, le 26 décembre 1353, des lettres citatoires pour intimer aux récalcitrants l'ordre de venir le 14 janvier suivant entendre leur condamnation aux peines encourues par leurs désobéissances et contumaces, peines qui seraient prononcées lors même qu'ils ne comparaîtraient pas.

Le 26 décembre, nouvelle course de Manchan à Chamaret et à la première porte de la forteresse du susdit noble Pierre Faure (*ad primam januam fortalicii supradicti nobilis Petri*). Il n'y vit pas Lambert, mais s'acquitta de son mandat en *proclamant, criant, disant et annonçant* la chose. Les autres hommes furent cités chez eux par lui.

Le 14 janvier, Toulousain, notaire de Valréas, comparut comme procureur de Lambert et des autres inculpés, et remit deux notes dont voici la substance. La première, présentée pour *noble et puissant Lambert Faure, coseigneur de Rousset*, porte ceci : Noble Pierre, fils de noble Lambert Faure, a à Chamaret *juridiction haute et basse, pur et mixte empire*. Le seigneur de Grignan n'y a aucune justice à exercer, sauf dans des cas prévus par le droit et n'existant pas présentement. Devant les citations dont il a eu connaissance, mais en protestant contre toute atteinte aux droits de son client, qui pourrait résulter de sa démarche, le procureur demande copie des procédures de la cour du bayle, afin qu'on puisse voir si elles auraient quelque valeur. La seconde, présentée au nom de Pierre Crimaud, A. Didier, Bertrand Fournet, A. Coyron, Raymond Gabouille, André

Guinot, J. Hugues, Gir. Gabouille, J. Peyrol, H. Arnaud, G. Poulin et G. Grosset, contenait des observations analogues. Elle se terminait par la même conclusion.

Après diverses formalités qui suivirent de près la remise de ces notes et qui avaient pour but de décliner la responsabilité pour les inculpés des faits mis à leur charge, on restait le 2 avril 1354 aussi embrouillé que six mois avant[1]. L'évêque de Saint-Paul fut même mis en cause par Giraud Adhémar, puisqu'un « rouleau en parchemin contenant des articles du seigneur de Grignan contre l'évêque de Saint-Paul en 1355 », existait en 1760 dans un *sac intitulé de Chamaret*, aux archives du château de Grignan[2].

Cependant, les 4 et 5 août 1356, le bayle de Grignan était occupé à un interrogatoire de témoins et inculpés déjà presque tous nommés ci-devant. Le rapport dit que ce bayle, considérant tout ce que dessus, voulait savoir si les accusations étaient fondées, pour réprimer les excès. Pour ce motif, il arrêta Lambert Faure dans la forteresse de Grignan, sur la petite place située devant l'église Saint-Romain. Il l'obligea à y garder l'arrêt en cette place, et en la chambre blanche et le Puet. Il lui interdit de franchir la porte de la *placette* du côté du vestibule devant la cuisine et les autres logements du château vers le vent, sans la permission du seigneur ou des officiers de la cour de Grignan, sous peine de cent marcs d'argent. Il ne devait pas plus sortir de là avec des pieds étrangers qu'avec les siens. Cependant il franchit plusieurs fois ces limites et tomba dans ladite peine. Il fallait punir de tels excès. C'est pourquoi la cour, tant pour remplir la charge qui lui incombait, que pour satisfaire à la requête et à la dénonciation des griefs contenus en des articles et préventions dont il a déjà été question, devait prendre les informations nécessaires. Sur sa convocation, treize témoins comparaissaient successivement et déposaient sur chacun des 14 articles contenus dans l'acte d'accusation, objet de l'enquête.

Souvent ils déclarent ne rien savoir sur certains articles. Pour simplifier l'analyse de leurs dépositions, nous donnerons seulement ici le résultat de toutes celles-ci réunies sur chacun des 14 articles.

D'abord l'évêque de Saint-Paul avait ses hommes à Chamaret.

---

[1] Étude cit., reg. *Atque*, vers la fin.
[2] Archives Faure, *Invent. du château de Grignan de 1760*, cote 2.

Giraud Adhémar scella ou fit sceller les portes de leurs maisons. Pendant cette opération, il avait avec lui noble Lambert Faure, père et administrateur de Pierre, seigneur de Chamaret, et d'autres personnes. Il ordonna à Lambert de garder les sceaux et de veiller à ce qu'on ne les enlevât pas. Lambert promit d'empêcher de son mieux l'enlèvement des sceaux. Si quelqu'un tentait d'en enlever, il devait en informer Giraud. Mais bientôt après il alla à Rousset, et, revenu à Chamaret, il apprit que les sceaux avaient été enlevés par les gens de l'évêque, spécialement par un d'eux, nommé Amblard.

Le deuxième article avait probablement pour objet la non-révélation de l'enlèvement des sceaux à Giraud Adhémar. Trois témoins répondirent à son égard autrement que par un *je n'en sais rien*. Ce furent Ponce de Grignan, qui dit savoir que le seigneur de Grignan avait trouvé mauvais que lui Ponce n'eût pas révélé à ce seigneur le fait contenu dans cet article; Pierre Grimaud, qui dit «ne pas savoir le fait; il a bien vu le magnifique seigneur et Lambert parlant à part, mais il ignore ce qu'ils disaient»; et Lambert lui-même, qui dit que le fait était vrai et que c'était par sottise qu'il ne l'avait pas révélé.

Dix des témoins donnent une réponse plus ou moins affirmative sur le troisième article, contenant l'accusation contre Lambert d'avoir refusé de venir à Grignan quand le seigneur l'y fit appeler. Un d'eux ajoute un détail: «Le seigneur de Grignan, dit-il, a envoyé chercher une seule fois Lambert, qui se fit excuser par Jean d'Ancône.» Lambert, le dernier des dix témoins, reconnut la vérité du fait, alléguant pour son excuse ne s'être pas cru obligé de venir.

Neuf des témoins donnent des renseignements sur le quatrième article, qui a pour objet une scène déjà racontée par Ponce de Grignan en 1353, celle de l'accueil si hostile fait au seigneur et à Ponce quand ils étaient arrivés à Chamaret. L'un d'eux, Ponce même, dit dans sa nouvelle déposition : «J'étais présent quand ce fait a eu lieu, je l'ai vu de mes yeux. Cependant Lambert n'était pas dans le tour; nous le trouvâmes en dedans du portail et armé de mangonneaux et de brassards. Des hommes de Lambert et de Pierre son fils qui étaient armés refusaient d'ouvrir; un seul, Hugues Didier, était dans le tour; quand le seigneur Hugues Garnier fut venu, il fit ouvrir; j'ai vu là, sur la place, plusieurs hommes armés, munis de quantité de lances et autres armures, et desdits Lambert et Pierre... » Plusieurs attestent que le portail et le tour étaient fermés quand le seigneur de Grignan arriva; que eux, de Chamaret, étaient tous armés et par l'ordre de leurs seigneurs, c'est-à-dire de Lambert et de l'évêque de Saint-Paul. Ils avaient pris des armes et fermé le tour et les portails contre le seigneur de Grignan, parce qu'il était redouté à Chamaret, surtout par les gens de l'évêque; et puis, ils l'avaient fait parce que le même seigneur devait courir dans l'endroit, et à cause des démêlés qu'il avait avec l'évêque; enfin, ils l'avaient fait par crainte de Lambert, qui avec les officiers de l'évêque ensemble avaient fait publier que tout homme s'armât, sous peine de dix livres. Ils savaient qu'ils se faisaient du mal, et se disaient que Lambert faisait mal. Lambert lui-même dépose ainsi: « J'ai fait fermer mes portails, je me suis armé et j'ai fait armer lesdits hommes, parce qu'on m'avait dit, à mon arrivée de Rousset, que le seigneur devait courir dans Chamaret, et que j'avais trouvé que les hommes de l'évêque s'armaient et avaient fermé leur portail, et je redoutais, comme j'étais moi-même du parti du seigneur de Grignan, qu'ils ne fissent du mal à moi et à mes hommes, parce qu'ils étaient plus forts et plus nombreux, la maison exceptée... »

Trois témoins répondent autrement que par un *je ne sais pas* au grief qui faisait l'objet du cinquième article. Ce sont Hugues Chavane, Guillaume Seguin et Lambert Faure. Chavane dit: « On me l'a raconté ainsi, mais je ne l'ai pas vu. » Seguin dit: « Je n'étais pas audit lieu, mais j'ai entendu dire que ces carreaux furent tirés de ladite forteresse; je ne sais par qui ils le furent, mais on disait que Lambert était dans la forteresse. » Lambert nie absolument que l'article soit vrai.

Neuf témoins déclarent connaître quelque chose sur le sixième article. Ponce de Grignan, un d'eux, a ouï dire à plusieurs que lesdits hommes de Chamaret aidaient à fermer et ensemble faisaient un piège. D'après sept autres, des hommes de l'évêque et des hommes de Lambert ensemble bouchèrent les brèches et les fentes et dressèrent un piège. Plusieurs de ces sept avouent avoir pris part à cette besogne. C'est contre le seigneur de Grignan qu'on l'a faite. Les motifs sont qu'on le redoutait, qu'il était en guerre avec l'évêque, qu'on n'osait pas désobéir à Lambert, qui le commandait. Celui-ci, le neuvième témoin, dit qu'il avait fait arranger à ses hommes les brèches et les fentes le touchant et contiguës en sa partie.

Sur le septième article, sept témoins savent quelque chose. D'après six d'entre eux, on avait vu à plusieurs reprises des hommes en armes, nobles et roturiers, de Rousset, de Roussas, de Taulignan, de Puy-Saint-Martin, de Clansayes, venir et séjourner à Chamaret. D'après plusieurs, ils étaient apparemment venus parce que Lambert était mal avec le seigneur de Grignan et le redoutait. Le septième, Lambert lui-même, dit que le septième article n'était pas vrai.

Sur le huitième article, tous disent ne rien savoir, sauf Jean Hugues, de Chamaret, qui déclare avoir vu des nobles et des roturiers de divers lieux venir et demeurer armés sans qu'il ait su pourquoi, et Lambert, qui nie la chose, comme pour le précédent article.

Le neuvième article accusait Lambert et son monde d'avoir tiré les carreaux contre le seigneur de Grignan. Tous les témoins, sauf Seguin, en savent quelque chose. Poncé de Grignan a ouï dire au seigneur et à d'autres qu'il en est comme porte l'article. Chavanc sait que la chose était véritable. Dalmas la Roche dit que l'article est vrai ; lui-même était présent. Bernard Dauphin dit avoir été avec le seigneur quand ces fautes ont été commises ; il a bien vu dresser, lever et baisser les balistes à ceux qui étaient au *Paiment* de la forteresse de Chamaret dudit Lambert et de Pierre son fils ; toutefois, à cause de la grande distance où il était, il n'a pas vu les carreaux. Peu après, il a ouï dire à plusieurs qu'ils ont été tirés, comme porte l'article. Guyot était alors à Colonzelles, mais on lui a dit comme porte l'article, et affirmé que Lambert était alors dans sa forteresse. Coyron, Hugues, Didier, Raymond et Giraud Gabouille, ont ouï dire que les carreaux avaient été tirés sur le seigneur de Grignan, et de la forteresse de Lambert, lequel était alors en celle-ci. Enfin, Lambert avoue qu'il y a eu deux carreaux tirés par quelques hommes d'armes de sa forteresse et du *Payment* ; mais il ne savait pas que ce fût le seigneur de Grignan ; même, entre lui et ceux qui étaient au *Payment* il y eut discussion pour savoir si c'était lui ; ne le connaissant pas, ceux du *Payment* tirèrent ces carreaux. On lui demande s'il était lui-même avec ceux qui ont tiré. « Non (dit-il), mais en dessous, dans le premier rempart ou asile inférieur. » On lui demande quels étaient ceux du

Payment, il répond : « Pierre de Livron, Guillame de Soyans, Dalmas..... de Taulignan, Hugues Ripert, et quelques hommes de Rousset. » Le reste de ce qu'on lui reproche est faux.

Sur le dixième article, trois témoins savent quelque chose. L'un, Chavane, dit que ce dixième article est vrai. Un autre, Dalmas la Roche, dit qu'il a entendu Hugues se plaindre, mais qu'il ne se souvient pas des autres. Lambert dit qu'il était en guerre ou en brouille avec les Baux, et qu'il a dans ledit lieu, ainsi que son fils, toute justice, moyennant laquelle il avait défendu à Hugues de tirer ce qu'il demandait. Les autres griefs relevés contre lui sont faux.

Sur le onzième article, cinq des témoins ne savent rien, trois ont ouï dire comme contient cet article, un affirme que celui-ci est vrai. Quatre donnent des détails. D'après Coyron, Raymond Gabouille et Hugues, le mouton d'un habitant de Grignan fut, sur l'ordre de Lambert, capturé et porté par Guillaume de Soyans en la demeure de Lambert, où celui-ci le garda quelque temps. Lambert avoue l'avoir fait prendre, mais c'est parce que les troupeaux de Grignan faisaient des dégâts à Chamaret, et que ses réclamations contre cela auprès du bayle de Grignan n'avaient pas abouti.

Le douzième article, où on relevait des paroles outrageantes adressées par Lambert au seigneur de Grignan, est contrôlé par cinq témoins. Chavane assure qu'il a ouï dire ce que rapporte l'article. Dalmas la Roche a vu lesdits hommes à l'échafaudage, et on lui a raconté les paroles. Coyron a entendu dire cela à Lambert de Lancelot du Lac. Hugues a ouï dire que Lancelot avait dit ces paroles, ou d'autres semblables, au seigneur. Lambert avoue avoir dit à celui-ci : « Vous feriez mieux et il serait plus honorable pour vous d'employer ailleurs votre ardeur belliqueuse, qu'à venir me dépouiller. »

Le treizième article relevait le placement d'un étendard sur le tour. Chavane et Dalmas la Roche ont appris le fait. Coyron a vu l'étendard sur le tour ; mais, dit-il, cela avait lieu pour que les hommes de Lambert se retirassent et que le seigneur de Grignan ne les prît pas. Lambert donne lui-même cette raison.

Le quatorzième article avait pour objet la violation par Lambert de l'arrêt *au Puey* qu'on lui avait imposé. Ponce de Grignan, Chavane, Dalmas la Roche et Dauphin ont appris l'arrêt susdit ; ils ont vu Lambert en dehors, avec ou sans permission.

On demanda à Coyron s'il n'avait pas été cité et proclamé par la cour de Grignan pour ses méfaits, et pourquoi il n'avait pas comparu. Il répondit qu'il avait été cité et proclamé, mais qu'immédiatement Lambert avait interdit, sous peine de perte du corps et des biens, de comparaître. Pour tous griefs à sa charge, il s'en remit à la miséricorde du seigneur de Grignan et au rapport de sa réponse. La même question fut adressée successivement à Raymond et Giraud Gabouille, à Jean Hugues, à Hugues Didier et à Pierre Grimaud, qui tous répondirent et conclurent comme Coyron [1].

Sauf un « hommage de la terre de Chamaret par Pierre Faure au seigneur de Grignan en 1356 [2] », nous n'avons plus aucun renseignement précis sur l'affaire pour la même année. Mais des événements d'une extrême gravité allaient suivre de près.

Entre le 22 septembre 1355 et le 29 septembre 1356, Décane d'Uzès, mère du seigneur de Grignan, mourut victime d'un lâche assassinat; et un document nous ramène aux Faure en nous apprenant que Lambert même aurait été l'un des auteurs de cet assassinat. En effet, on lit dans des notes du xiv° siècle, indiquant des fiefs possédés par le pape et devant relever du dauphin : « Lambert Faure tua ou fit tuer la mère du seigneur de Grignan, et subséquemment il s'en alla du pays, et néanmoins trois vassaux du dauphin, à raison de sa perverse introduction, furent mis en suspense. Les officiers du pape, du seigneur de Grignan et du prieur de Saint-Pantaléon mirent la main sur les fiefs que Lambert tenait sous eux; et cependant le dauphin, de qui il tenait le fief du château du Buis, ne fit rien [3].

Malgré leur brièveté, ces mots nous expliquent la disparition de Lambert et de son fils du milieu de leurs vassaux et sujets de Chamaret et de Rousset. Ils nous disent comment, les usages du temps aidant, Giraud Adhémar put rester définitivement possesseur du château et de la parerie des Faure à Chamaret, tout en tenant quittes leurs coaccusés de 1353, 1354 et 1356, ainsi que les actes suivants nous le rapportent.

Et d'abord le seigneur de Grignan, s'appuyant sur des procédures faites en la cour de ce lieu, demanda au bayle de Saint-

---

[1] Étude de M° Misson, notaire à Grignan, registre *atque*, vers la fin.
[2] Archives Faure; *Invent.* et cote cités.
[3] Étude citée, reg. coté *magnum*, f. lxxxxj. — Biblioth. de Grenoble, *Docum.* mss. de Guy-Allard, t. V, f. 87-8.

Pantaléon, dont Rousset ressortissait, les saisie et mise à l'encan, contre noble Lambert Faure, de certains biens ou gages. La cour de Grignan demanda audit bayle de délivrer au plus offrant les biens saisis et mis à l'encan, et Lambert fut cité pour voir délivrer ces biens ou présenter ses observations. La citation fut donnée. Lambert ne réclama rien, et cependant la délivrance des biens fut ajournée. Le lundi 25 septembre 1357, Bernard Dauphin, habitant de Grignan, damoiseau, procureur du seigneur de ce lieu, réclamait auprès du bayle de Saint-Pantaléon, contre cet ajournement. Le bayle répondit que, depuis quelques jours, dans le courant du mois susdit, il avait concédé copie du procès à Lambert et assigné les parties à venir devant lui aux fins de la procédure en ladite cour. Il ajouta qu'il ne ferait pas autre chose et ne changerait pas ce qu'il avait fait. Dauphin protesta contre cette assignation, persista dans sa demande, et fit prendre acte de tout cela. Cet acte fut fait à Saint-Pantaléon, dans la rue publique, près du portail par lequel on allait vers Nyons[1].

Le 28 du même mois, le bayle de Grignan constatait qu'il avait autrefois confié, pour le seigneur de ce lieu, à Ponce Raymond de Chantemerle les clefs, garde et gouvernement du château ou forteresse de Chamaret, et relevait ce châtelain de ses fonctions. Il en retirait les clefs qu'il donnait à l'instant même, avec les fonctions de châtelain du même lieu, à un autre damoiseau, Bernard Dauphin, dont nous avons déjà plusieurs fois parlé. Puis, le lendemain 29 septembre, le bayle donnait décharge complète à Ponce Raymond, pour toutes recettes et dépenses faites pendant sa gestion de la châtellenie de Chamaret. Tout cela prouve abondamment que Giraud Adhémar avait mis la main sur les biens de Pierre Faure à Chamaret.

D'autre part, les hommes de Chamaret inculpés reçurent, le 30 octobre 1358, décharge complète et définitive de toutes les accusations portées contre eux et dont l'enquête avait indiqué le caractère et le degré de gravité[2].

Cet acte d'acquittement ressemble fort à un acte de justice assez clairement réclamé par les renseignements contenus dans l'interrogatoire de 1356. En tout cas, il était un acte de clémence et de

---

[1] Étude citée, reg. *Secundum*, f. 15 r°.
[2] Étude citée, reg. *Secundum*, f. 16-17; reg. *Magnam*, f. xxix-xxx.

conciliation très opportun au moment où Giraud Adhémar songeait à garder définitivement et à s'attacher comme sujets directs et immédiats les vassaux des Faure disparus. Ce plan, du reste, paraît avoir été pleinement réalisé dès la fin de 1358, puisqu'un notaire terminait un acte du 5 décembre de cette année par ces mots : « Fait à Chamaret, devant la porte de la forteresse du seigneur de Grignan (1) ».

Dès lors donc, Chamaret restait partagé entre deux maîtres : le seigneur de Grignan, dont les descendants devaient finir par posséder dans son entier la terre en question, et l'évêque de Saint-Paul.

L'évêque Jean Coci, dont les officiers et les vassaux de Chamaret sont mentionnés dans l'enquête de 1356, et ses successeurs, furent souvent en désaccord avec les Adhémar. Ainsi, le 7 février 1374, les cardinaux Hugues de Sainte-Marie et Pierre de Saint-Eustache lancèrent d'Avignon un monitoire pour obliger certains prélats et d'autres personnes des diocèses de Vaison et de Saint-Paul à communiquer tous documents utiles au seigneur de Grignan dans son différend avec l'évêque de Saint-Paul (2). C'est peut-être de ce différend qu'il s'agit dans un acte du 5 août 1379, entre Aymar de la Roche, évêque de Saint-Paul, et le seigneur de Grignan (3). Ce fut pour *remédier aux mortalités, guerres, tribulations et oppressions des hommes d'armes, ainsi qu'aux tracasseries, envahissements, oppressions et tribulations que certains nobles voisins et grands causaient incessamment à lui, à son église et à ses sujets*, que Dieudonné d'Estaing fit avec le roi-dauphin le traité de pariage du 25 septembre 1409. On sait, d'ailleurs, que l'évêque était alors *seigneur pour la moitié du lieu de Chamaret par indivis avec le seigneur de Grignan*. C'est à ce titre que le prélat soumit au pariage la moitié du temporel et de la juridiction tant civile que criminelle de Chamaret, où fut faite le 5 mars 1409 la publication de certaines défenses suivie de l'hommage et du serment de fidélité faits aux commissaires de l'évêque et du roi (4).

---

(1) *Actum Camareti, ante jenuam fortalicii domini Graynhani*... (Étude citée, reg. coté *Tuam*, f. 26.)

(2) Archives Morin-Pons, fonds *Adhémar*.

(3) Biblioth. nat., ms. lat. 9239, n° 35.

(4) Boyer, *Histoire de l'église de Saint-Paul*, p. 330, 337-50. — *Gallia Christ. nova* (éd. Piolin), instrum., p. 121-9.

En 1439, le vicaire général de l'évêché donne à *nouvel achat* à Vital Bon les immeubles qui avaient appartenu à Pierre Dalbon, de Chamaret. Il réserve à l'évêque les lods, investiture, prélation, cens et service accoutumé. En 1464, Jean Bon, dudit lieu, vend des fonds y situés et relevant de la directe de l'évêque et du seigneur de Grignan, sous le service annuel de 7 cosses de blé et de 13 deniers pour ce qui revient à l'évêque. Le procureur du prélat investit l'acheteur.

Des comptes réglés par l'évêque avec le bayle de Chamaret et portant sur les recettes y faites pour ce prélat de 1449 à 1468, précisent l'état et l'importance de ce fief épiscopal. En voici la traduction simplifiée : « Suivent les services du château de Chamaret (*servicia castri Camareti*) que font chaque année à notre seigneur l'évêque de Trois-Châteaux les hommes dud. Chamaret en blé, vin et autres grains, le 8 septembre, sauf quelques recettes en plus que le bayle connaît :

« Et d'abord, Guillaume Esparvier sert 1 émine de blé et 1/2 émine d'orge. Jacque Dalbon, dud. château de Chamaret, 1 émine de blé. Etienne Barthélemy, dud. château, 1 émine et 2 cosses 1/2 de blé. Pierre Robert, dud. lieu, 1 setier et 5 cosses de blé. Jacques Bec, 1 setier et 1/2 émine de blé. Pierre d'Apchier, 1 émine et 3 cosses de blé. Michel Esparvier fait en cens annuel 1 émine de blé. Raymond Barthélemy, 1 émine et 2 cosses 1/2 de blé. Un autre, 1 setier de blé et 1 émine d'orge. Un autre, 5 cosses de blé.

« Suivent les services annuels d'argent faits à l'évêque, à Noël : Pierre Robert fait 2 gros 10 deniers. Jacques Bec, 2 gros 2 deniers. Girard Philippe, 21 deniers et 1 poule. Etienne Barthélemy, 1 gros 9 deniers. Etienne Bon, 1 gros 2 deniers. Jacques Dalbon, 18 deniers. Guillaume Esparvier, 2 gros 1/2 ; de plus, pour les biens de son père, 16 deniers. Etienne d'Apchier, 1 gros 1/2. Michel Esparvier, pour les biens de Gambert, 18 deniers. Raymond Barthélemy, 1 gros 9 deniers ; de plus, pour deux terres au *Jomcher* et à *Font Pyan*, 6 deniers. Jean Lacoste, pour un pré à *Font Pyan*, la tasque et de l'argent comme dans les reconnaissances.

« Des corvées de bœufs sont dues à l'évêque par tout homme labourant au territoire de Chamaret, s'il a des bœufs de labour. » Mais un morceau du document a disparu ici, et nous ne pouvons donner sur cette redevance les détails que la note contenait jadis.

« Pour les chasses de sangliers et de cerfs ainsi que d'animaux sauvages pris sur le territoire de Chamaret, l'évêque a la moitié des têtes et des épaules, et le seigneur de Grignan l'autre.

« Les hommes cultivant aux château et territoire de Chamaret et au territoire de Corbelas, payent à l'évêque la dîme du froment, du blé, du seigle, du méteil, de l'avoine, de l'orge, des légumes et autres grains, à la 15e partie franche et prise à l'aire. La dîme des raisins est prise à la cuve. Il faut noter que le bayle, tout compté, doit au seigneur évêque environ 5 saumées tant de seigle et d'orge que de méteil, qu'il a encore chez lui, déduction faite de la 10e portion pour son travail du levage. De son côté, le vicaire perpétuel de Chamaret doit audit seigneur évêque la dîme du vin qu'il a levée cette année au nom de notre dit seigneur évêque.

« Pour la dîme des agneaux et des chevreaux, on en paye 1 sur 11 ; pour celle des pourceaux, 1 par première portée ; pour celle des poules et poulets, chaque maison paye un poulet par an.

« Il y a présentement aux château et territoire les bœufs suivants : Giraud Jean en a 2 paires ; Etienne Barthélemy, 2 paires ; Guillaume Esparvier, 1 paire ; Jacques Bec, 1 paire ; Lavincendone, 1 paire ; Raymond Barthélemy, 2 paires. En tout, 9 paires.

« Notre seigneur l'évêque a à Chamaret un château fendu, deux terres en propre, un pré et un moulin.

« Le château épiscopal de Chamaret a de bonnes murailles ; d'autre part il est fendu et situé près du château que tient le seigneur de Grignan.

« Le moulin épiscopal situé au territoire de Chamaret est fendu et ancien. Il confronte du levant avec le Lez, du couchant avec un coteau entre deux rochas, de bise avec le coteau de Puy-Cetayran, du vent avec le Lez.

« Les services de blé, d'orge, de méteil et d'autres grains ont été payés tous les ans depuis 1449 jusqu'à la présente année inclusivement, par les hommes au bayle pour l'évêque, sauf par Guillaume Esparvier. Le bayle a mis les services avec les grains de la dîme de l'évêque, et a expédié le tout à lui ou à ses délégués [1]. »

Le 20 février 1447, un serviteur et procureur de l'évêque portait au seigneur de Grignan la copie d'actes touchant les droits du

---

[1] Archives de la Drôme, *Cartulaire de Saint-Paul*, A, f. 3 ; B, f. 52. — Boyer, *Hist. de l'église de Saint-Paul*, p. 102.

prélat à Chamaret. Ces actes, qui sont du xiii° siècle et ont été cités plus haut, furent-ils portés au seigneur de Grignan en vue d'un règlement de différend? Le furent-ils pour la vente du fief ou de biens épiscopaux de Chamaret? Nous ne le savons pas. Mais, s'il était question de vente, l'affaire n'aboutit pas, du moins de sitôt. En effet, le 1ᵉʳ octobre 1477, Ymbert de Laye, administrateur de l'évêché de Saint-Paul, créait un bayle pour Chamaret avec toutes les attributions des bayles d'autrefois [1]. En 1495, on trouvait encore à Chamaret les *condamines du Révérend père le seigneur évêque de Saint-Paul* [2]. Boyer dit qu'il a existé un acte de création de « baillif fait par Guillaume Adhémar, évêque de Saint-Paul, par lequel il lui donne pouvoir d'exercer la justice dans tous les lieux dont il était seigneur temporel. » Or, dit Boyer, parmi ces lieux « Chamaret se voit exprimé », et cet acte est de 1496. Enfin, un acte de 1561, entre le comte de Grignan et « les consuls et communauté de Chamaret », a pour objet des hermes situés au territoire de ce lieu, et confrontant du levant avec *la terre de monseigneur l'évesque de Saint-Paul, chemin entre deux.*

Ce sont là les dernières traces précises de la possession par les évêques de Saint-Paul de leur coseigneurie et de fonds à Chamaret. « On ne sçait pas (dit Boyer) en quel temps » cette coseigneurie « a été démembrée de l'évêché. Les *Mémoires* qu'on nous a fournis, et qui sont dans les archives du palais, assurent que cela arriva depuis l'an 1539 jusques à 1560, sous Jean de Joli, qui fut obligé de quitter la ville de Saint-Paul pour éviter la persécution des hérétiques [3]. »

Passons aux faits concernant la possession de la seigneurie et du château de Chamaret aux derniers siècles par les seigneurs de Grignan.

Depuis qu'il avait mis la main sur les biens des Faure à Chamaret, Giraud Adhémar songeait à s'en assurer la possession définitive. Le traité du 20 novembre 1363 avec le gouverneur du Dauphiné y contribua. Par cet acte, le seigneur de Grignan recevait 1,000 florins avec l'assurance de la sauvegarde delphinale, la conservation des secondes appellations et le droit de régale sur les

---

[1] Archives de la Drôme, *Cartul. de Saint-Paul*, B, f. 33.
[2] Étude citée, reg. coté *oves*, f. xlij.
[3] Étude citée, reg. de Sithol de 1561-1563. f. iij° lviij. — Boyer, *Hist. citée*, p. 102-103.

chemins publics et les lieux sacrés. Lui, de son côté, se reconnaissait vassal du dauphin pour le château de Chamaret et les fiefs de Sarçon et de Tourretes, s'obligeait à le servir envers et contre tous, sauf la reine de Sicile, comtesse de Provence, et le seigneur de Montélimar, et lui abandonnait, en temps de guerre, l'usage du château de Chamaret, à la charge de le rendre dans le même état qu'avant[1]. Un autre moyen fut l'établissement en ce lieu de châtelains dévoués à ses intérêts; et tel fut certainement Dalmas de Novaysan, que le seigneur de Grignan établit le 28 décembre 1383 son bayle, châtelain et procureur spécial dans les lieu, forteresse, mandement et district de Chamaret; les pactes faits entre eux à ce sujet devaient assurer le bon gouvernement de ce fief[2], où un document de 1392 place de véritables « sogiez dal dit noble Giraut Emar sire de Graynha [3] ».

Au XVᵉ siècle, les Adhémar apparaissent souvent comme seigneurs de Chamaret. En 1405, Giraud Adhémar, à ce titre, renonce gratuitement pour Dieu, en faveur des habitants de Chamaret, à ses droits de cense et autres sur un logis légué pour y construire une église. En 1409, Chamaret est compté comme une localité de la baronnie de Grignan. En 1455, Giraud Adhémar accense à Pierre et Antoine d'Apchier des « hermes à la Palud de Chamaret ». En 1472, son fils donne à « noble André Marcel, sa vie durant, » l'office « de capitaine châtelain et autres choses à Chamaret [4] ».

Ce fut peut-être Gaucher Adhémar, seigneur de Grignan depuis vers 1479 jusqu'à juillet 1516, qui unit à la part de ses ancêtres sur Chamaret, la part conservée par les évêques. Du moins est-il appelé sans restriction *seigneur de Chamaret* dans son testament de 1506, et laisse-t-il, à sa mort en 1516, la *seigneurie de Chamaret, son vieux château sans meubles*[5].

Louis, son fils, apparaît comme seigneur de Chamaret dans des actes de 1532 et de 1540. Celui de 1540 mérite une attention

---

[1] Arch. Faure, *Invent.* cit. cote 2. — Lacroix, *L'Arrondiss. de Montélimar*. I, p. 365-6.
[2] Arch. Morin-Pons, dossier *Adhémar*.
[3] Étude citée, reg. coté *Deus*, ff. 9 et 10.
[4] Étude citée, reg. div. — Mairie de Grignan, *Délibérat. consut.*, reg. 1, f. xjx.
— Arch. Faure. *Invent.* cité cote 2.
[5] Arch. Morin-Pons, doss. *Adhémar*.

particulière. C'est un hommage fait au roi pour Chamaret et d'autres terres. Depuis le traité de 1363, les Adhémar avaient plusieurs fois fait hommage à ce souverain pour le fief qui nous occupe. On a de ces actes de vasselage de 1382, de 1413, de 1420 et de 1443. Celui que Louis fit en 1540 fut suivi d'un dénombrement présenté le 20 novembre, même année, au sénéchal de Valentinois et Diois séant à Montélimar, dans lequel est comprise « la terre et seigneurie » de Chamaret, avec toute juridiction, valant environ 120 livres de revenu [1].

La *terre* et *seigneurie* de Chamaret figure dans le testament de Louis Adhémar de 1552, où ce seigneur en dispose en faveur du duc de Guise; dans un arrentement qu'il en fit en 1554; et en l'acte d'érection du comté de Grignan, de juin 1558, comté dans lequel elle fut comprise. On a aussi un arrentement de « la place, juridiction, service de Chamaret », par le procureur d'Anne de Saint-Chamond, à Jean Boni, du lieu, le 28 décembre 1538, pour quatre ans, au prix de 80 livres tournois par an ; un accensement d'hermes y situés fait par le duc de Guise à titre de comte de Grignan, en 1561; et un arrentement de la place de Chamaret, en 1564, par le comte Gaspard Adhémar.

En 1571, ce comte reçoit de Jacques Ripert et Jean du Pont la somme de 837 livres 10 sous tournois, dont 337 livres 10 sous « pour le cartier de l'arrentement des places de Clansayes, Montségur et Chamaret, escheu au dernier de mars [2] ».

En 1578, les consuls et habitants de Chamaret reconnaissent « au profit de M⁽ʳᵉ⁾ Louis Adhémar de Monteil » plusieurs « droits extraordinaires », sur lesquels nous manquons de détails, et en 1579 les consuls de Chantemerle payent deux sols à un laquais de Madame de Grignan venu pour recommander bonne garde, et douze deniers au messager de Valaurie, annonçant que « les Hugenaux avien pres la toure de Chamaret ». Ce dernier payement, étant du 31 janvier, nous précise presque la date où le monument que nous étudions, et qu'on appelait déjà du nom de tour, fut pris par les Huguenots [3].

Vers 1610, un état des droits seigneuriaux du comte audit

---

[1] Arch. cit., doss. cité. — Mairie de Grignan, Transcrip. Pays, f. 95. — Lacroix, *L'Arrond. de Montélimar*, I, p. 366.

[2] Étude citée, reg. de *Silhol*.

[3] Lacroix, *op cit.*, I, p. 368-369. — Archiv. municip. de Chantemerle, CC 4.

lieu, accuse 80 habitants, la juridiction totale, les cas impériaux, les droits de scel et de claime, 1 poule pour le fouage, la vingt-quatrième partie des grains et du vin, soit 60 charges de blé et 50 barraux de vin.

Dans un dénombrement de 1678, François de Castellane-Adhémar explique en détail tous les droits qu'il peut prétendre à Chamaret.

Une délibération consulaire de 1740, une transaction entre les habitants et le mandataire de M. du Muy de 1752, et d'autres procédures, montrent Chamaret aux mains des comtes de Grignan jusqu'à la Révolution [1].

Donc, aussi haut que nos renseignements nous permettent de remonter, les évêques de Saint-Paul ont eu une part de la seigneurie utile de Chamaret. Cette part comportait une forteresse servant d'abri à leurs officiers, et éventuellement à leurs vassaux. En même temps, nous trouvons l'autre part de seigneurie utile aux mains des Chamaret et d'autres familles apparentées, qui la gardèrent jusque vers 1357. Ces seigneurs avaient également une forteresse, laquelle était voisine de celle de l'évêque. Elle servit apparemment de logement à eux, au moins dès le principe, et de défense en cas de besoin à leurs vassaux. Mais la seigneurie utile et la forteresse des Faure furent confisquées vers 1357 par les Adhémar de Grignan, qui finirent par y joindre, au XVIe siècle, la parerie et la forteresse de l'évêque. Depuis lors, le tout passa des Adhémar aux Castellane-Adhémar, et de ceux-ci aux du Muy, qui le possédèrent jusqu'à la Révolution.

Qu'est devenu le château épiscopal, déjà fendu quoique ayant de bons murs, en 1468 ? Il est difficile de préciser, malgré les données ci-dessus et les actes qu'on possède. Les plans mêmes et les vues citées dans le présent travail ne nous fournissent pas une réponse péremptoire.

Quant au château fort des Faure, qui, au dire de Lambert Faure en 1356, était plus fort que celui de l'évêque, il a beaucoup souffert avant et depuis la Révolution ; mais le donjon, déjà appelé *la tour* en 1579, sans avoir impunément bravé le temps, la pluie et les orages, avait conservé jusqu'à ces dernières années une altitude considérable et de précieux restes de sa majestueuse fierté.

---

[1] Lacroix, *op. cit.*, I, p. 366-369, et 377-378 ; *Invent. des arch. de la Drôme*, E 5606, 5628 et 5643.

En 1886, M. Louis Devès constatait que le rocher servant de base à *la tour* avait 30 mètres d'altitude au-dessus de la place du village; la tour, qui le surmonte, avait elle-même également 30 mètres de haut. Le village était exactement au Nord.

Voilà où en était le curieux monument que nous étudions quand, par testament en date du 27 janvier 1887, M. Xavier Sylvestre, propriétaire à Chamaret, léguait à cette commune toute sa fortune, à charge pour celle-ci de diverses obligations, dont une relative à *la tour* et dont la clause nous intéresse vivement. Le testateur veut que les premiers fonds que la commune de Chamaret retirera de sa succession servent à boucher deux trous qui sont au levant de cette tour, à faire une montée d'escalier dans l'intérieur de celle-ci, et à y placer «une horloge et une cloche au sommet, de la dimension de la grosse cloche de Valréas au moins». Cette cloche devait servir pour sonner les heures et le premier coup de toutes les messes qui se diraient à Chamaret les jours de fête et les dimanches.

A la mort de M. Sylvestre, la commune accepta l'héritage et se mit en mesure d'en remplir fidèlement les conditions.

En ce qui concerne *la tour*, M. Johannis Rey, un des architectes valentinois les plus distingués, fut chargé par M. le maire de Chamaret d'examiner l'état de ce monument, de juger des travaux nécessaires pour sa restauration, et de dresser un projet complet de l'ensemble de ces travaux.

Un examen minutieux sur les lieux permit à l'architecte de constater «que l'état de la tour et de ses abords exigeait des réparations sérieuses et immédiates pour pouvoir la mettre en état d'usage et la livrer à la destination voulue par le donateur».

Sur trois côtés du mamelon, les parois rocheuses se désagrégeaient. Il était donc nécessaire de revêtir les points les plus menacés de maçonneries destinées à arrêter cette désagrégation.

L'établissement d'un chemin de service s'imposait pour les besoins de la construction et pour l'accès futur de *la tour*.

Enfin, par mesure de sécurité publique, il fallait prévoir pour les parties à pic du mamelon des murs de protection d'un mètre de hauteur environ, recouverts d'une tablette en pierre.

Surtout, pour remplir les intentions du donateur, il fallait restaurer avec soin les brèches de la tour, reprendre toutes les parties désagrégées ou démolies, remettre l'ensemble de l'édifice en parfait état, et en assurer la conservation.

L'architecte proposait ensuite d'exécuter l'escalier de l'intérieur par révolutions droites avec paliers de repos, et de diviser l'intérieur de la tour en quatre hauteurs d'étages, avec plate-forme supérieure. Enfin le sommet de la tour serait couronné d'un campanile servant à protéger la cloche.

L'horloge serait établie dans l'étage supérieur avec communication sur un cadran de 2 mètres de diamètre, placé sur la face Nord-Ouest de la tour, et avec sonnerie sur la cloche.

De tous ces travaux et de ceux qui en dépendaient fut dressé un devis s'élevant à 29,123 francs 40 centimes, y compris tous imprévus et honoraires.

Devis, plan et rapport explicatif étaient achevés le 27 juillet 1893, et le 29 novembre suivant, les journaux annonçaient la mise en adjudication des travaux.

Ceux-ci furent menés fort activement. Ils étaient presque achevés, quand la bénédiction de la cloche destinée à résonner du haut de la tour, eut lieu le 7 octobre 1894.

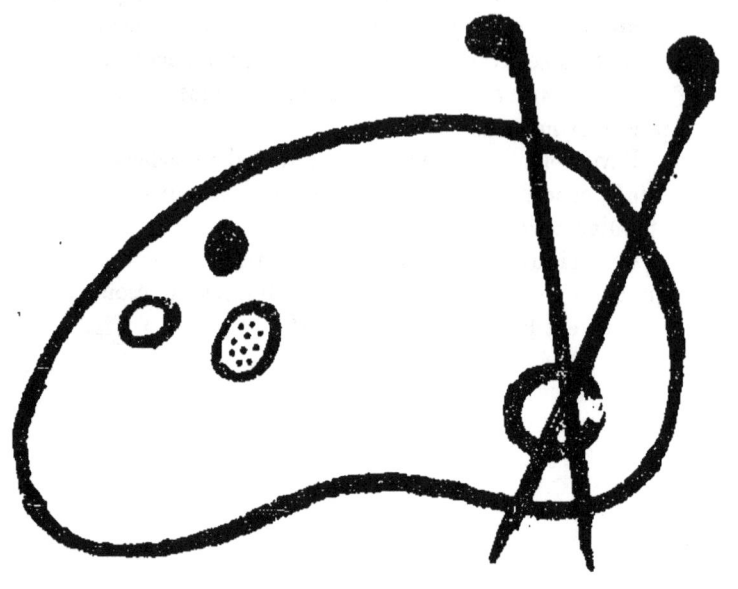

Original en couleur

NF Z 43-120-8

www.ingramcontent.com/pod-product-compliance
Lightning Source LLC
Chambersburg PA
CBHW060718050426
42451CB00010B/1507